Elementary Piano Solo

# Brave Warrior

Kim Williams

AF901487

Alfred

Alfred's PREMIER PIANO solos

*for Nathan*

# Brave Warrior

**Steadily**

Kim Williams

16
1
2
mf
19
1
f
8va
23
8va
1
mf
8va
27
(8va)
30
(8va)
f
1
8va

Brave Warrior • Williams

Alfred

ISBN-10: 0-7390-1493-5
ISBN-13: 978-0-7390-1493-6
9 780739 014936

Alfred

alfred.com

19759 $3.50 in USA
0 38081 18992 5
ISBN 0-7390-1493-5